ME DISSERAM PRA FICAR QUIETA: EU FIZ POESIA

poesia de resiliência por

LAURA WEBER

Coordenação editorial: Juliana Pellegrinetti
Capa, projeto gráfico e diagramação: Idée Arte
Revisão: Gerusa Bondan
1ª edição: julho/2024 — 1ª impressão: julho/2024

Dados Internacionais de Catalogação na Publicação (CIP)
Tuxped Serviços Editoriais (São Paulo, SP)
Ficha catalográfica elaborada pelo bibliotecário Pedro Anizio Gomes - CRB-8 8846

W373d **Weber, Laura.**
Me disseram pra ficar quieta: eu fiz poesia / Laura Weber. – 1. ed. – Rio de Janeiro, RJ : Editora Cocriatti, 2024.
128 p.; 14 x 21 cm.

ISBN 978-65-980202-4-8
1. Abuso. 2. Cura. 3. Feminino. 4. Poemas. I. Título. II. Assunto. III. Autora.

CDD 869.91
24-3098005 **CDU 82-1(81)**

ÍNDICE PARA CATÁLOGO SISTEMÁTICO
1. Literatura brasileira: Poesia / Prosa.
2. Literatura: poesia (Brasil).

Cocriatti

contato@cocriatti.com.br
www.cocriatti.com.br
instagram: @cocriatti

ME DISSERAM PRA FICAR QUIETA: EU FIZ POESIA

poesia de resiliência por

LAURA WEBER

Cocriatti

Sumário

Prefácio

Eu acendi uma vela, pra me apresentar pra vocês. Na realidade, apresentar uma história, que é muito minha e muito de muitas outras. Como Clarissa Pinkola Estes descreveu, "Todos nós começamos como um feixe de ossos perdido em algum ponto num deserto" e, obviamente, não foi diferente comigo. Muito pequena, me vi perdida. Fui criada em um lar religioso em meio a uma realidade contraditória em demasia. Minha mente costumava ferver diante de tantos questionamentos silenciados pelo medo. Antes dos cinco anos, passei por episódios de abuso sexual intrafamiliar. Impossível, portanto, não mencionar um capítulo tão formador da minha identidade, impossível dizer que os abusos não me formaram em alguma instância, por mais desagradável que seja reconhecer isso. Mantive os abusos em segredo até a idade adulta e, confesso, é desagradável lembrar disso. Porque o medo que pairava sobre mim, as autoacusações de culpa, de alguma forma, ressoam até hoje. O abuso sexual possui algo muito perverso, pois envolve o prazer: imagine isso em uma cabeça infantil mergulhada em um lar religioso!

Minha infância foi assombrada. Desde muito nova, não conseguia dormir, vivenciei minha adolescência como uma guerra contra minha existência contraditória. Em que momento eu fui devidamente vista? Em 2011, Sônia me enxergou por trás do meu comportamento irritadiço e angustiado. Através de um olhar que veio de fora, ela abriu uma porta que nunca mais se fechou: a porta da minha recuperação pessoal. Estava eu com 20 anos de idade, começando uma viagem sem retorno: e eu não fazia ideia de tudo que estava por vir.

Hoje, dia 17 de julho de 2023, minha avó materna faleceu. É o dia em que começo a contar-lhes minha história e revisito a passagem de minha avó aqui na terra, sua história. Menciono isso porque minha avó não teve as mesmas oportunidades que eu; sua vida resumiu-se ao que se resume a história da maioria das mulheres até a década de 80/90 (e, talvez, até o momento atual): cuidar. Minha avó foi cuidadora dos seus irmãos, do seu marido, dos seus filhos. Até a morte, estando em um lar de repouso para idosos, ela não esquecia e se preocupava com seu filho esquizofrênico. Se não ela, quem iria cuidar dele? E o que restava para ela, senão cuidar? Não sobrou espaço para a poetisa que ela tinha dentro de si manifestar suas dores através da arte, não restou espaço para ela existir com toda a sua riqueza pessoal. Minha avó vivia rimando, amava fazer jogos com as palavras, sempre a brincar... lembro de pensar "Que esperta, como consegue?". Também por isso, esse livro é por todas que foram sufocadas a tal ponto de não conseguirem falar. É pelo ciclo de história que me levou até o que tive que passar. Não tenho orgulho da minha história, não gosto de contá-la, pois existem capítulos que gostaria de deixar na gaveta, fazer de conta que não existiram, mas que favor eu estaria fazendo às que vieram antes e depois de mim? Minha voz é a voz de muitas, e sei que é a voz da minha avó que hoje se foi, de minha falecida tia Terezinha, de minha mãe, de minhas primas, sobrinhas, filha e netas.

Depois de abrir a porta da minha recuperação pessoal, muita podridão teve que sair do quarto da minha alma, monstros tão assustadores que não gosto nem de lembrar. Ao contar para meus pais, lembro dos olhares de pavor, inconformismo, tristeza e, ao mesmo tempo, o entendimento de muitas coisas sobre minha infância e adolescência. Senti o quanto eles se culparam. Não duvidaram de mim em nenhum momento, me acolheram. Em seguida, no entanto, não houve entendimento de como aqueles episódios haviam impactado minha formação e vida cotidiana. Lutei, insisti para que eles entendessem que eu precisava fazer terapia. Procuramos até que encontrássemos uma psicóloga que tivesse as mesmas crenças religiosas da família, assim, seria mais aceitável, mais "seguro" que eu não fosse "me perder"– irônico, podemos dizer. No entanto, em meio às ironias da vida, uma força muito divina esteve sempre a me amparar e, neste caso, foi crucial no meu percurso, uma psicoterapeuta chamada Ieda Awad, a pessoa que Deus (ou seja lá como você chama) escolheu para me olhar de uma forma tão magnífica. Com paciência e perseverança, iniciamos e concluímos um processo psicoterapêutico que me possibilitou restabelecer partes minhas que estavam destruídas. Iniciei o trabalho de terapia com a Ieda em 2012. Eu entrava muda e passava a sessão muda, repetidas vezes. Tamanha a minha desconfiguração, eu não tinha forças pra falar. Durante os primeiros anos, eu saía da psicoterapia me sentindo pior do que quando havia entrado. As resistências geracionais que eu carregava no meu corpo me puxavam sempre contra esse processo de cura, de tomar contato com a dor, de enfrentar a mim mesma, sem fugas. Dizer que foi difícil demais seria simplificar algo que até hoje não sei explicar como consegui atravessar. O que me manteve indo, duas vezes por semana, por muitos anos, e depois, semanalmente, às sessões? O que me empurrava para continuar escavando um buraco de onde parecia sair podridão sem fim? Uma voz suave, sussurrante no meu ouvido, tão suave que, por muito tempo, me fazia duvidar dela. Enquanto não conseguia seguir diferente do que ela me prometia, eu insistia em apostar nela, mesmo que sem forças, mesmo que moribunda, mesmo que sem voz, transformada em um amontoado de ossos.

Onze anos depois, atravessei o mar morto. E pra falar sobre estes onze anos, teria que escrever um outro livro. O importante, aqui, é saber que consegui sair do inferno que minha mente viveu por tanto tempo. Após anos de tratamento psiquiátrico, combinado com a psicoterapia, consegui me libertar de quase todas as medicações, algo que eu julgava que jamais conseguiria. Eu passei de alguém moribundo para uma mulher independente, que vai atrás das coisas que quer, faz acontecer. E isso é um milagre na minha vida. Acredite, se você tivesse me visto há uns sete anos, você não imaginaria a reviravolta que minha vida daria. Como consegui? Não sei. Não tenho uma fórmula mágica para vender, tenho apenas minha experiência e o mistério que me carrega dificuldade após dificuldade, e me faz continuar andando em rumo à arte, à expressão, à manifestação de uma vivência de forma que tantas outras também se enxergam ali.

Após episódios sérios de fobia social e crises de pânico que me mantiveram afastadas da vida acadêmica, voltei a estudar em 2020. Estou em processo de formação em Psicologia, e trabalho em uma empresa familiar, com gestão de pessoas. Pequenas grandes vitórias da minha trajetória, que me fazem ter orgulho da minha batalha por uma vida, pela vontade de viver, que durante muitos anos eu não senti.

Hoje tenho vivido a autonomia que sempre busquei. Autonomia do meu ser, da minha existência. Existo como posso, me aproprio do que tenho, vou atrás do que quero, manifesto. A autonomia que me dá o poder da responsabilidade de criadora da minha própria trajetória. Chegar aqui foi um sufoco, mas cheguei!

Aproveite os poemas! Que seu coração esteja aqui.

Silenciada

Por minhas vozes internas, críticas e dúvidas
Por meus medos
Calei
Minha responsabilidade arquivei
A culpa nos outros coloquei
Por meu silêncio
Por minha escolha
De não me incomodar
Por muito tempo, minha existência anulei
Me disseram pra ficar quieta
E quem disse?
Fui eu
A multidão que me habita
A história que em mim regurgita
Não se engane que o título do livro
Fala de outros fora de mim
Os outros moram dentro
São esses que me calaram
Como a pequena menina que fecha a boca da boneca
Fechei minha boca
Cerrei meus próprios lábios
Terceirizei meu dever
Por aproximadamente duas décadas

Preciso pagar essa conta
Te dizer que, se você passou por isso,
Você pode
Vomitar o indigesto
Explodir a bomba
Cura a ti conceder
Não mais perder tempo com culpados
Pra tua vida, finalmente, como protagonista viver

Mesmo insegura

Nunca fui menina sem opinião
Talvez meus medos me calaram (por dentro, não)
Minha personalidade forte quase sufocou com os silêncios
As palavras não ditas
As perguntas não feitas
Até que rompi a quietude com um grito de histeria
Assustado ficava quem ouvia
Do que se tratava? Jamais saberia...
Ao me olhar? Quem imaginaria?

A escuridão que por mim passara
A morte que me assombrara
Não diria
Não ousaria,
Mas gritei
Gritei tão alto até faltar o ar
Desabafei o peito
Disse tudo que tinha para falar
Decidi comigo, do meu jeito,
Nunca mais calar: meu direito!
Boto pra fora,
me faço ser ouvida e ouvir
Formulo, penso
Decido eclodir
Insegurança? Bate à porta
E respondo: Se comporta!
Uma mulher acabou de surgir.

Havia um longo percurso

E eu não sabia antes de começar
Nem durante
Que o final me levaria para o início
Comecei a odisseia como quem só sabia que deveria andar
O que me aguardava? Por que caminhar?
Não tinha resposta alguma
Apenas a convicção do movimento
Andei por muitos lugares
Florestas
Morros
Praias
O caminho, havia momentos, parecia ser sem fim
Até pensei, deve ser esse o sentido
O próprio avançar
Enfim
Passei alguns sufocos
Angústias
Tive companhia de alguns
Essenciais
Partes do meu processo

Do ensejo
Da minha trilha particular
Declínios
Subidas
Curvas
Passei pela chuva
Pela seca
Fortes ventos no ar
Até que parei num lugar
Gente reunida
Conhecida
Olhei pros lados e senti já ter estado naquele local
Mais adiante, um grupo de gente muito familiar
Me aproximei
Olhei para a criança no colo de alguém
Cinco anos ela tinha, não estava suprida
Havia alguma lacuna a ser preenchida
Sensação de abandono
Como se estivesse a me esperar
Do outro lado, um bebê de meses
Muito gordo e com bochechas rosadas
Bem cuidado, mas algo faltava
Olhei bem para as duas crianças
Duas meninas, e de repente vi que eram três:
O bebê, a menina e Eu
A mesma pessoa, dividida em três
A se encarar

Nos reconhecemos
Finalmente nos encontramos
Minhas crianças internas estavam a me chamar
Era de mim que precisavam
Do meu colo, meu olhar
Essa era minha trilha
A viagem para me recuperar
Naquele momento divino
Um triângulo a contemplar
As lágrimas correram
Inevitável
Quanto tempo caminhei
Para me achar?
Minhas crianças
Aliviadas pelo colo
Que por uma trajetória de décadas
Estavam a aguardar
O percurso só poderia ser longo
Pra eu adulta estar
Era necessário estar crescida
Por dentro, fortalecida
A rota me preparava
Pra esse momento singular
Uma mulher forte e resiliente
Segurando a própria existência
Apalpando sua vulnerabilidade
Com os próprios braços

A se amparar
Divino e extenso caminho
Trouxe sentido a cada tropeço
Me permitindo inteira
Me habitar
Cheguei, minhas meninas,
Agora podem descansar.

Descanso

A palavra que você não sabe o que é
Pudera...
Presa nessa insanidade
Incessante ansiedade
Não para nem pra respirar
O que seria descansar?
Certamente não é deitar no sofá
E encontrar algo pra tua mente ocupar
Isso é fuga
Descanso se encontra em outro lugar
Onde seria?
Será que já fui pra lá?

Expiro profundo
Não sei...
Será que a resposta posso encontrar?
Ah, descanso, que vontade de te esbarrar!
Posso não saber nada a teu respeito
Mas sinto desejo de ti aqui no peito
Inspiro, deixo o ar entrar
Penso o seguinte:
Será que, se aqui eu me aquietar,
E ouvinte
Esperar o descanso se manifestar
Ele virá ao meu encontro
Me fazendo das suas delícias experimentar?
Vou tentar
Me deixa ficar aqui quietinha
Paradinha
Pra palavra descanso, enfim, desvendar
Calada espero
Meu corpo imóvel
Deixo o tempo correr
Minha mente sensível
Silêncio inexprimível
Dentro de mim desvendo um lugar
Tranquilo e indizível
Vazio – que paz!
Tudo em ordem
Indefectível
Descanso, seria você?

Eu me puxei pra dentro de mim

Me peguei pelo fiapo que ainda alcancei
e com paciência fui me trazendo de volta
Como uma linha fina, fui enrolando o novelo que escapou com o vento das ilusões
Demorou pra conseguir palpá-lo
E, de primeira, não me vi ali
O que aconteceu comigo enquanto saí pra fora de mim?
Me perdi em caminhos estrangeiros?
Sentia falta do pé na terra
Do mato tropical
O cheiro do verde
Talvez ali me reconhecesse novamente
Sinto algo forasteiro dentro de mim
Não sei dizer o quê
Seria eu mesma?
Forasteira de mim,
Provavelmente
Sou tanto que não sei o que sou

Me vejo estranha
Tento me captar
Mas sempre me escapo
Me enrolo de volta
Mas já não consigo me decifrar
Algum dia consegui?

Presença

É do que você tá precisando, menina
Um tempo de solidão
Sim, não se engane, porque não me equivoquei:
presença é solidão.
Há quanto tempo que não fica só, hein?
É sentir sozinha
É o silêncio de dentro
É a pausa
Sabe do que falo? Ou anda ausente há tanto tempo, que desconhece meu diálogo?
Se deparar com a angústia, deixa o olho escorrer, sente, menina, você precisa de você!
Ausente você se vai,
cadê?

Volta pra tua casa, pisa no chão, sente o caminho,
retoma teu coração.

Presença é solidão, banca tua existência,
representa tua escuridão!

Gozar a escuridão

Do meu esconderijo interno

Permite que o tempo transmute minha percepção

Percebe que, no escuro, a sensibilidade do olhar aguça

A escuridão da minha pupila, que combina
com a ausência de luz,

Uma amplia a outra

E, no escuro, encontro toda minha potência

Apalpar a minha escuridão como quem agarra com força
algo que é muito seu

Me permite não ser o que você espera

Me desencontrar da tua expectativa delimitada sobre meu ser

Te dizer que não sou apenas iluminada e, sim,

Muito mais escura

Fraquezas

Quero te contar as minhas
A parte que a força falha e a conta não fecha, sabe?
Quando falta e a falta berra
Dói e, falando em dores, eu tenho as minhas
Impossibilidades
Inverdades
Preciso te dizer que não sou de verdade
Afinal, a verdade, eu não sei
Como saberia?
Não tenho essa presunção
Sei – de tudo que perdi
Tenho as listas de tudo que não conquistei
Os erros que ficaram pelo caminho
Me marcaram
Neles me formei
Quero te falar das minhas limitações
E saber que me entende
Saber que há outro aí,
um fraco residente
Humanamente incoerente
Quero que me olhe e me veja vulnerável
Debilmente adorável
Preciso ser inteira

Inteiramente essa coisa que não sei o que sou
Todo mundo falando bem de si mesmo
Mas e a parte que restou?
E o que fica escondido?
Não faz sentido
Ninguém é só o lado bom
Deixa eu te contar minhas fraquezas
Quem sabe, assim,
Nos tornamos irmãos

Eu não me basto

A angústia se apresenta
Então, percebo:
Falto
O silêncio nessa hora
É o lembrete da tua importância
Preciso do teu cuidado
A ciência já me dizia
Em tribo, a gente tem harmonia

Meu corpo fala, o espírito escuta
Aquela impotência me colocou diante da fragilidade,
A quebra do meu narcisismo, mostrando-se insuficiente
Ele não segura todas as pontas
Faz questão de me apresentar deficiente.
Eu preciso daqueles vínculos,
O que me aproxima do Divino:
A Sustentação.
E não é ausência da gostosa solidão
que eu aprendi a gozar
e que cultivei internamente,
Fiz as pazes com minha imensidão.
É como rede:
Necessito de conexão
Que me estruture
Que forme o alicerce seguro
da minha casa-coração
Que me proporcione a alegria de estar viva
Respeito por minha existência
Faça parte da minha narrativa
Que me instigue a ser, cada vez mais,
Eu mesma, nesse mundão
Autêntica
Curada
Com os erros, menos preocupada
Eu preciso de você
Meu amigo, irmão,
Da tua saúde e integridade

Da benignidade e compaixão

Da tua presença e decisão

Eu não me basto

Já entendi que nem preciso

Ninguém nasce sozinho

Quero poder contar contigo

Vem comigo nessa, ou não?

Eu ouvi minha vizinha chorando

Compulsoriamente, nos fundos da casa

Logo pensei nas vezes em que passei ali na frente, e a vi sentada no pátio. Aparentemente, tudo bem.
Na frente da casa, tudo bem.

Eis a questão:

vamos pros fundos chorar.

Ninguém quer sofrer na vitrine.

Pelo contrário, fazemos de tudo pra que não saibam

que sofremos. (Que nem nós já não
sabemos de nós mesmos.)

Você sabe, mesmo, dizer que está sofrendo?

Como se fosse uma vergonha ser humano por inteiro.

Como se fosse vergonha ser inteiramente incompleto.

Demonizamos o sentir.

Engolimos um milhão de sapos.

Mostramos os dentes enquanto, por dentro,
estamos putrificados.

Ah, o medo do feminino!

Onde ele nos trouxe?

No que nos tornou?

Sepulcros caiados

Maquiados por fora

Dentro, cheios de podridão

Pode chorar, vizinha, grita a alma pra fora.

Acolhi teu choro como o choro do mundo

O choro escondido

Oprimido

Que finalmente permitiu sair

Etereamente incompleta

Minha natureza não se satisfaz com minha existência restrita
Preciso de deficiências estrangeiras
Limites a mim ocultos
Isso que me faz celeste:
A incompletude do meu ser
A falta que sou (in)capaz de suportar
Por isso, também olho pro lado, e vejo você
Outra divindade insuficiente
Seres decadentes
Eu – chamada de louca
Você – carente de loucura
Julgando minha falta de lucidez
Devido à sua sede de insensatez
Incompletude etérea nos forma
O acordo com a falha: a resposta
A lacuna? Perdoa
É ali que o canto dos anjos ressoa

Sempre há um anjo

A me segurar
Pelas quedas da vida
Aquele tropeço que aconteceu sem que eu visse
Aquela pedra que colocaram no meu caminho
Com o intuito de me derrubar
Fazer cair
Machucar
Sempre há um anjo a me segurar
Quem segue a justiça
Quem segue a bondade
Há uma equipe invisível a amparar
Não preocupa o coração
Não precisa fazer nada, não
Não precisa esforço
Nem correr atrás de justificação
Não há escândalo ou mentira capaz de te colocar no chão
Não há incômodo que tire tua retidão
Sempre há um anjo
Um anjo chamado verdade
Que traz tudo à tona
Acaricia tua alma
Te coloca em pé com lealdade

Tentarão te moldar

Não esqueça! Quando virem suas asas
Hão de as querer cortar
Não permita, menina!
Esse poder só você tem.
Teu corpo,
Teus sonhos,
Tua mente,
Apenas tu detém!
Tentarão, como destroem as florestas
Pra construir paredes – desonestas
O fluxo mundano nos coloca em emboscada
Tua perspicácia, no entanto,
Há de encontrar uma fresta!
Qualquer abertura estreita
Que te permita encontrar uma passagem
Cria teu rito
Encontra teu eu selvagem
Impõe tua existência
Manifesta teu espírito!
"Pés, pra que te quero?
Se tenho asas pra voar?"

Frida disse bem
Faça esse canto ressoar
Tentarão cortar tuas asas
Calar tua boca
Apagar tua existência
Por tua vó, mãe e filha
Não permita
Tua vida é trilha
de cura e ressurreição
Tu foi chamada para libertação
Não esqueça, menina!
Faz uma oração
Integra a força que te habita
Levanta a cabeça, e diz: Não!

Tem uma força em mim

Incompreensível
Passa um furacão
Um terremoto
Explodem uma bomba atômica pra me destruir
Continuo
Assusta, eu sei
Uma mulher tão frágil feita de ferro (estranho)
O que me forma além da carne?
Mistério
A resposta é um hiato (nesse momento, eu arranho)
Uma fenda no espaço que você não consegue preencher
O que me forma é a falta (isso te faz doer)
O abraço
carinhoso

da falta,
que gostoso! (Aqui começa a remoer)
E a paz que eu sinto em ser faltante
Eu quebro (sou fraca)
Infrangível me remonto (sou sólida)
Consegue lidar com isso?
Não, é de levar à loucura
Sim, alguém além de mim vai ser capaz de me aceitar
inteira? ("Ah, para de frescura!")
Querem partes
Pra não ficar tão intimidador
Só a boa – pra ficar à toa
Só a má – pra ter a quem culpar
Mas, veja bem: não dá!
Sou inteira, sou tudo, nada e o espaço a gritar
(principalmente)
Tudo em mim dói
Tudo em mim cura
Incógnita
Uma charada
que nunca vai ser decifrada
Pode passar a vida tentando
Você não vai entender nada

Não vou fingir

Que já não dói
Porque hoje acordei
com dor de garganta
De tudo que calei
E, nesse caso,
o silêncio destrói
não acalanta
Me sinto arrombada por dentro
Bagunçaram meu templo
Enquanto simulam a cena de um filme
Esperam que eu rime
Cumprindo a dança
Fingindo bonança
Seria sublime
Se não passasse de uma peça
Bem pregada pra me sufocar
Me desrespeitam com um sorriso no rosto
Que eu desfaleça
E eles venham a gozar
"Maldade? O que é isso?
Você é forte – pode aguentar!

Engole, e aprende a gostar.
Não consegue? Se retire.
Realmente, você não pertence a esse lugar."
A violência imposta
só me faz querer gritar
Silenciosa ela ocorre
Pra quando você denunciar
Fique de louca
"Não houve nada
Ela só pode estar caduca!"
Te confundem
Te fazem até de ti duvidar
Não adianta, menina,
O melhor mesmo é apartar
Fica longe – não habita mais com essa gente
Cria um vão
Um espaço
Seja urgente
Você não é do tipo que finge
Usa a tua laringe
Deixa o ar passar
Bota pra fora
Sente a dor atravessar
Extrai de ti a cânfora
Pra esse mal desafogar
Deixa sair na lágrima
Lava as paredes com tua água

Retoma teu espaço
Te apropria de tua língua
Move-se à tua verdade
Expõe a dor
Encontra tua liberdade
Amarra bem firme
Em volta de ti o amor

Transformar merda em ouro

É coisa rara
Essa é a inveja que você carrega dela
Não adianta
Nada destrói uma alquimista
Não há o que se compara
Sua fonte é infinita
No colo ela se carrega
É sua maior fortuna
E onde pisa
Transforma

Sempre abençoa com um tesouro
E ainda é bonita
Sua maior bênção é espiritual
Ela carrega a pedra filosofal
Sendo capaz das mais divinas transmutações
Ela te acorda
Te faz despertar
Acaba por obrigá-la a se olhar no espelho
Tomar nas mãos o que vê
Metamorfosear
Ela possui o elixir da longa vida
Infinda
Aos seus piores momentos
Trouxe seu melhor
Onde foi abusada
Pintou uma parede colorida
Ela não mede a força que tem
Faz merda virar ouro
A mágica dessa mulher
Igual? Não há quem
O poder da alquimista
É o que te aproxima
De todos os benefícios de cruzar seu caminho
Já não se importa que se sirvam dela
Entendeu que sua fonte é divina
Que ela mesma é um canal permanente
Da riqueza mais almejada: sua sina

Usufrua dela
Aprenda com ela
Desista de destruí-la
A alquimista é a deusa encarnada
Venere-a
Mas jamais tente possuí-la

A serenidade

De quem sabe virar furacão
De quem sabe invocar a lava que descansa dentro de si
e explodir como vulcão
Derreter poderosamente todos os atrapalhos que insistem
em atravessar seu caminho
Dissolver as armadilhas que armaram pra ela
Funde
Transmuta
Em um passe de mágica
Tudo muda
É o poder que reside dentro dela
Uns chamam de Deus
Outros acham que é bruxaria

Divina ou diabólica?
Não se interessa por sua perspectiva
Sabe quem é
Sabe o que quer
Sortudo daquele que Deus colocou no seu coração
Sabe que, com ela, não se brinca
Ela é menina do Deus da criação
Tenta aprontar pra ela,
e veja Ele mesmo te colocando pra encarar os fatos
Sentir em ti a dor que tentou causar nela
É assim que o divino a ampara
Te faz sentir na pele o mal a ela direcionado
Aceita
Essa mulher tem amparo espiritual
Ainda anda porque por anjos é carregada
Desista de prejudicá-la
Simplesmente não rola
Só a torna mais forte
Sabedora de si
Mulher serena
Absoluta
Sua presença é vendaval

Por trás dessa mulher

Tem uma criança
E essa carapuça bonita
esconde muita insegurança
Desamparos
Abandonos
Algo nela é magnético (e repulsa):
Verdade
Ela é o que é (isso assusta)
Decidiu, a duras penas, nunca mais largar
sua criança da mão
Só ela poderia fazer isso, com razão
Isso a trouxe muitos outros desamparos
Só que, desta vez, não era mais ela promovendo
sua própria segregação
Às vezes, ela cansa, pensam que dá conta de tudo
que não precisa de ninguém
mas não se engane, meu irmão,
essa não é a realidade
Quem a viu assim, não a viu com humanidade
Aprendeu a ser tão forte pra nunca mais ser molestada
Tão correta, para não haver um "piu" a ser apontado
Enquanto chora sozinha e afaga o próprio peito

Ainda busca um ninho,
um lugar pra descansar (além de si) sem receio
Pede a Deus que lhe dê força pra construir esse lar
Não quer nada de bandeja
Quer provar que pode transmutar
A si mesma
E aquela voz mentirosa, que insiste em coisas ruins na sua cabeça sussurrar
Veja
Ela é mais do que uma fênix
Renasceu da morte umas 47 vezes
Se eu te contasse
Qual a probabilidade de você acreditar?

Dividida

Dentro de mim tem uma linha que me separa de mim.
Dois lados distintos me habitam e me fazem, na angústia, ser muitas.
Não sei quem sou e esse racho me diz que não saberei,
Não posso saber.
Se soubesse,
Não seria.

Me vejo nas minhas impossibilidades – é ali que sou.

Sou o que não posso ser

E o que posso

Fica na imaginação.

Contraditoriamente real.

Dilacerada por mim.

Duas em uma, cada uma com diversas faces.

Tento controlar essa multidão interna e percebo que isso também não existe:

controle, uma linda utopia que criamos para afagar a ansiedade de não ser.

Brutal pode ser a realidade, se de uma vez por todas, eu não decidir me abraçar assim: dividida.

Trair

(você já se traiu?)

É o descontrole

A perda da estabilidade

O não cumprimento do acordo consigo

O sair da linha

O desarranjo da intuição

Mais do que fazer sem pensar, é pensar e fazer

(Por trás) Inconsciente a gritar – e o que ele diz?
Começa no íntimo
É, em primeira instância, um assassinato particular
A perda de si
E do tênue equilíbrio
O (des)balanço
A queda
A traição derruba quem trai
Acaba por colocar cara a cara com a própria violação
Esmaga o peito e
A humildade atrai
Por vezes, abre nossos olhos para nós mesmos
Agora nos vemos
Disruptivos, rebeldes
Ao mesmo tempo
Peito doendo
Queremos ser mais
Sabedoria sussurra no ouvido
Nos chamando de volta
Lembrando quem somos
E o que queremos?
Disso vamos atrás!
Integridade, verdade
Para, enfim, sermos
Seres humanos leais

O sonho

É a vida acontecendo
Aquela curva que fiz na estrada enquanto dormia
Aquela sensação de conselho sendo sussurrado de forma abstrata – o que seria?
Qual dos meus corpos me fala?
Em qual dimensão paralela acabo por me revelar o que o consciente cala?
Dentro
Eu vi aquela curva
Senti o cheiro do mato
Imaginei aquela casa:
É aqui
É que eu tenho essa mania
De me contar em sonho o que vem depois da ventania
E não é só profecia
Também tem coisa não digerida
que acaba virando orgia
É tudo verdade
O sonho é a vida acontecendo
E, oh, é bruxaria!

Senti que devia descer até o porão

Ir de encontro ao miolo da casa
Aquela profundidade toda me deixou
com receio
Ao mesmo tempo,
o anseio
De me deixar entrar
Nessa espiral
profunda
Tão funda
Que poderia não conseguir
voltar
Me encontrar
Talvez
Finalmente me encontrasse
Ah,
e se lá, eu me agarrasse?
Pela primeira vez na vida
Me apalpasse?
Lá no fundo,
profundo

Senti que o porão me chamou
E na fundura da habitação
Encontro um segredo
Com que por prêmio de coragem
a casa me presenteou:
Um grande poço construído com pedras preciosas
(e ele encontra o mar!)
Me convidando a ir mais fundo
Invocando
Minha menina audaciosa
E lá de cima até embaixo
Uma ventania começa a soprar

Aquelas águas profundas

Tão fundas que você se recusa
A entrar
Dá medo de se afogar
A profundidade te convida
Mas, convenhamos,
Pra que ir tão fundo?
Pra que mergulhar?
É mais seguro de fora
Pé na terra
Cabeça no ar
Confortável é a palavra
Sem envolvimento
E sem precisar a roupa encharcar
Preferíveis as fugas
Rotas pra te desviar
Até que um vento mais forte
te empurra pra dentro
Quando vê
Você tá lá
Água gelada e tão funda
Teu pé não tem chão pra encostar
A alma sente o abraço fluido

Parece que do corpo sai o espírito
Ah, se eu pudesse ser peixe
Não me faltaria nem o ar
No início, o medo
Depois, a certeza do desejo
Quero ficar
Envolta em profundas águas
Dá pra ir mais fundo?
Quero tentar
A alma passa a clamar a profundidade
Preciso ir aos poucos
Deixar o pulmão acostumar
Volto, pego ar, mergulho mais fundo
Até a origem da profundidade encontrar
Ela tem um segredo escondido
Me disse
Quer me contar
Eu estou indo lá
O abraço carinhoso das águas
Colocou tudo no lugar
Gratidão ao vendaval
Me deu o empurrão necessário
Me fez perceber:
profundidade é aliada
não rival
Agora sigo mergulhando
As águas profundas me abraçando
Acabei por descobrir: aqui sempre foi meu lugar.

Das profundezas

Do meu coração
preciso largar antigas amarras
Cordas que insistem em limitar meus movimentos
Correntes ancestrais
A culpa que me persegue por ter feito tudo certo
E tudo que deveria
E tudo que pude e posso
O peso por ter sempre me doado além da conta
Sussurrando que devo continuar assim
Me rasgando pra fugir de mim
Com mais medo do meu sucesso do que do meu fracasso
A angústia permanente de existir
A lástima da injustiça do mundo
Por ter mais que muitos, o peso
Por ter menos do que gostaria, o vazio
Dramaticamente existente
Entranhadamente verdadeira
Assustadoramente incompreensível
Aparentemente confusa
E largando antigas amarras
Contrariando as estatísticas

Provando minha cura pro mundo
Sabendo quem sou desde as entranhas
Desde as correntes
Libertando meu eu
Abrindo minhas asas pra viver meu apogeu

Uma mulher de muito valor

Sabe bem chorar sempre que preciso
Suas dores a compõem
E a integridade a acompanha pelo sofrimento
Faz os invejosos se contorcerem
Procuraram erros pra apontar nela,
Não encontraram
Ela poderia ganhar o mundo, se quisesse
Mas cultiva humildade
Sabe que precisa de pouco para ser feliz
Ela poderia usar das suas mais poderosas armas de vingança

Destruir quem cruzasse seu caminho
Pagar na mesma moeda
Mas ela é tão valiosa
Que sabe
Não está nisso o seu descanso
Que vingança melhor do que cuidar de si mesma?
Dar-se o respeito que os outros não deram
Resistentemente continuar acreditando que é incomparável
Que só merece ser muito bem tratada
Ela sabe partir
Sabe que, para quem cruza o seu caminho, é uma dádiva que não se repete
Insubstituível, sim
Podem tapear o buraco com outras pessoas e coisas
Mas a sua presença jamais será remediada
Ela sempre te deixa uma marca
Uma marca tão forte que só de lembrar você chora
Ela é real
Inteira
Tão transparente, que assusta
Tão amorosa, que você nunca viu algo igual
Ela merece o mundo
Mulher independente, construiu a si mesma
Sabe ser sozinha e se carregar com coragem
Ela respeita
Olha para as pessoas e vê pessoas
Mesmo aqueles que abusaram dela

Ela perdoa, mas não volta a confiar
Perca ela e saiba, ela não vai voltar
Jamais esquece seu valor
Mulher valiosa
Determinada guerreira, já dizia seu pai
Não foge de si, se encara
Não usa anestesiantes pra aliviar a dor
Derrama vinagre em cima pra curar bem fundo
Sente atravessar
Sabe ser doce nos dias mais cruéis
Inacreditável
Insuperável
Conquistá-la agora, só com intervenção divina,
muita capacidade, convicção, maturidade
Não pense que é um desafio
Essa mulher não é pra meninos
Ela não é um jogo e não foi feita pra sua satisfação
Dê a ela, no mínimo, respeito
Ela é cara, mesmo, meu irmão
Inestimável
Tenha atitude ou retire-se
As palavras que ela entende são suas ações
Não tente fazê-la de boba
Além de valiosa, ela é feiticeira
Intui tudo, vê nas cartas
Uma bruxa verdadeira
Quer estar com ela?

Traga sua humanidade
Esteja pronto pra mergulhar
Não no raso
Na mais profunda das profundidades

Um sentimento estranho

Tomou conta de mim
Uma espécie de cansaço
De algumas repetições
Desinteressei-me de seguir repetindo
Como o fim de uma elaboração.
Alívio.
Larguei a roda.
Sei lá,
Sei que já não sou mais a mesma. Quero viver bem.
Lutar apenas as batalhas necessárias
Do resto? Me retiro.

Não forço, não choro. Solto.

Tem uma pena leve dentro do meu peito: ela tem dado
risada do peso imposto por outros.

Rejeito.

Volto a flutuar.

Desenhei um limite entre meu peito e o do outro.
Aqui não entra frequência desequilibrada.

Levantei paredes saudáveis em cima de um alicerce seguro:
meu coração.

Se aprochegue quem seguir edificando comigo.

Paredes leves de um refúgio.

O desenho de um templo,

um santuário de meditação.

Esquisito pra mim, sempre tão vulnerável,

estar criando paredes-pontes,

possibilitando encontro de habitação.

Um lar interno delimitadamente adorável:

Uma nova espécie de mansão.

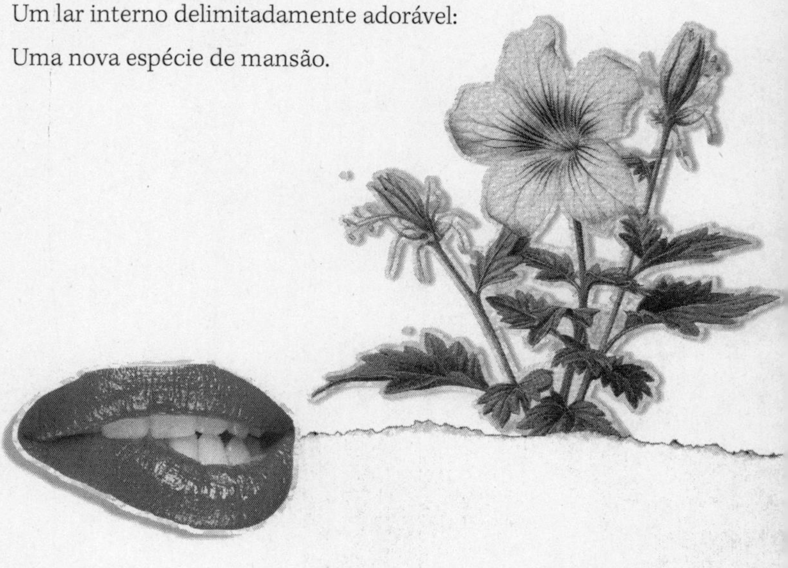

Sozinha

O som? Dos grilos – nem a minha respiração eu ouço
Já os pensamentos – não param por um segundo.
Angústia, por que me tomas?
Ainda não aprendi a habitar em mim?
Que desconforto é esse de me ver só e por um momento,
vazia (mesmo que tão cheia!)?
Me contemplo – ah, menina! Abraça teu peito! Dança!
Pode dar risada desse desespero.
MULTIDÃO, me encontro:
No riso contido e dado por dentro,
nas múltiplas versões de mim que se dividem
em mil pensamentos,
no meu corpo nu que se toca a sós,
até nessa angústia de que me alimento.
Sozinha me encontro e contemplo.
Solidão boa, ainda que doa
Me cura por dentro

A potência do silêncio

Aquele oportuno
Que sabe o momento exato de calar
Que alcançou a paz interior
de quem sabe
que fez tudo que pôde
ou que sabe que,
agora,
o silêncio é quem faz
É a sutileza do toque
A calmaria que passa a habitar quem já expulsou toda a lava que fervia
A discrição que passeia tranquila
A quietude pacifista de quem entende a confiança

Toma tua vida pra ti

E se deixa ser desconhecida pelos outros
Mal interpretada
Os olhos que interessam são os teus
Os ouvidos que precisam te ouvir estão na tua cabeça
A língua a proferir as boas palavras que precisa escutar,
Tua boca
Pega tuas mãos
Te toma no colo
Te afaga
Acolhe a tua tão conhecida estranheza
Te cuida
Deixa os outros cuidarem deles

Da vida

O que me resta, se não juntar todos os pedaços?
Catar os fragmentos que restaram,
Como aquele que está afogando luta
por uma molécula de oxigênio
Aproximá-los
Criar um novo mosaico
Fazer arte e, então,
Engoli-la
Fazer com que ela penetre meu corpo
Se torne parte das entranhas
E seja transpirada e inspirada
Excretada e ingerida
Em um ciclo infinito

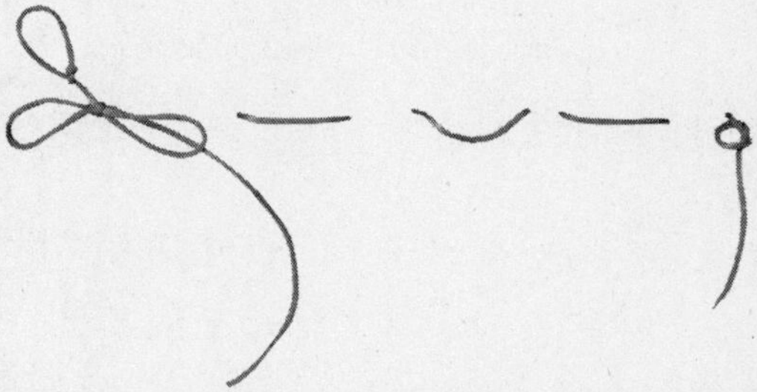

Juncus spiralis

Me ensinou
A majestade de uma bagunça enrolada
A possibilidade palpável de um emaranhado
de formas distintas
Entrelaçadas entre si
Naturalmente expressadas
Ter formato de arte genial
Seria um acumulado de nós?
Erros enrolados uns aos outros, formando um ornamento,
Mas,
Como algo tão perfeitamente bagunçado
poderia ser um equívoco?
Juncus spiralis lembrou
meu coração hoje
meu peito
minha cabeça confusa
lembrou o nó no estômago
a palavra que saiu torta
a lágrima que escorreu sem querer
a angústia
a dor
Pode tudo isso, também, formar um ornamento?

Me formar ornamento
Eu, um emaranhado de imprecisões, desacertos, desvios
Em formato peculiar
de fina arte

Milagre

É ver brotar a flor
Onde havia ferida
Ver que o fundamento da alegria
É a dor
E o sofrimento
O caminho pro amor
Que a dificuldade é o alicerce da felicidade
A angústia da alma
É o rio do encontro
Que o desespero é a comunicação do coração
A ansiedade, a rua que leva à calma
O caos, o percurso da ordem
Basta olhar com intenção

Transmutei

Como o fogo transforma em cinzas a matéria
Muito do que estava colado em mim, se desfez –
do que fui, o que era eu?
Do que expus, o que, de fato, me representa?
Do que exibi, o que é meu?
Sinto a necessidade de menos
Ter menos
Mostrar menos
Ser menos
Como posso explicar pra essa geração maximizada?
Encontrar o essencial – nua
O que realmente preciso?
O que, despida, eu sou?
O que, em mim, posso reciclar?
Transmutei os excessos em livros de aprendizado
Compulsões me ensinaram sobre minha humana
contraditória condição
Por isso, quero menos superfície
Seguir na profundeza do meu conhecimento íntimo
Assim encontrei meu magma
Abri um canal pra ele transbordar
Me transmutar
E pelo escândalo da erupção
De volta à essência me amarrar

A raiva como potência

Que mudou minha história

Vou te oferecer este ângulo do ocorrido da minha loucura

Da minha cara de braba, desde criança, inconformada

A raiva é a tristeza em ação e, no meu caso,

A ação que abriu um caminho estrangeiro
pros meus pés pisarem

Finalmente, novas terras, um trilho aberto na base do ódio

O vislumbre de algo novo, maravilhoso, como um oásis no
meio de repetidos desertos

A raiva como aliada

Encheu meu peito de fôlego pra gritar

e meus braços e pernas de força pra trilhar

Guerreira teimosa,
não desistiu até uma realidade melhor criar

À base de raiva, a força que me empurra pra continuar

Inconformada: as coisas podem, devem, e vão melhorar!

A potência da raiva me salvou do trauma

Me mostrou de forma bruta: tem coisas, querida,
que não dá pra tolerar!

Um ímpeto de coragem

Me fez matar meu carrasco

Como instinto de sobrevivência, não tive outra opção, senão, assassinar. Desta vez ele vinha para acabar comigo, e me vi apavoradamente corajosa. Um susto terrível, que me trouxe alívio.

Finalmente me vi forte, poderosa, pegando nas mãos a vida, através da morte.

Joguei ele pra fora da janela, e ele caiu morto.

Aqui dentro? Não mais, e eu, que pensava que esse dia jamais chegaria. Muito menos, então, através das minhas mãos trêmulas – eu, que fiz a justiça.

Aqui dentro, não mais!

Me apropriei da minha selva.

Provei da minha força,

Testemunhei minha coragem.

Sou guardiã do meu lar.

Teimosa Esperança,

Como ainda está aqui?

Preciso te dizer, não sei como permanece depois de tudo que passamos.

Tanto me machuquei

Tanto me machucaram

Como ousa continuar comigo?

Por que me faz seguir acreditando?

O que espera de mim?

Olha, Teimosa Esperança, você é assim: uma pequena porta verde num casebre simples, no meio do nada, rodeado de árvores sem graça, num dia cinza, escuro, sem luz.

Por que insiste em ser tão verde em meio a uma paisagem tão sem cor?

Sim, estou desapontada.

Você tem prometido coisas e tenho tido dificuldade de enxergar que sua palavra é verdadeira.

Quando vai se provar?

Ou, então, quando toda essa sua cor vai me clarear os olhos pra eu ver esse bem de que tanto fala?

Me perdoa esse tom desesperado, deve ser difícil pra você que é tão teimosamente esperançosa.

Eu esperava, espero, Esperança, ser como você. Pronto, falei.

Mas não sou.

Por que ainda espera, tão esperançosa, por mim?

O que preciso aprender contigo? Seria você o único caminho tranquilo da vida? E simplesmente abre sua porta pra qualquer um entrar? Pra eu entrar?

Você me deixa confusa.

Sua porta é uma utopia nesse mundo, tenho medo de querer entrar nela

Ao mesmo tempo, ela me parece tão certa...

Estou dividida, quero acreditar em você, Esperança, quero me atirar pra dentro da sua porta verde irritante, mas como me jogar estando tão quebrada? Por que me aceitaria?

Confesso que desconfio de você.

Desconfio e quero entrar...

Quero entrar e desconfio...

Quer saber? Vou me arriscar, então. Afinal, o que me resta?

Você me convenceu, sua teimosa!

Me irritou, sim, mas convenceu... vou contigo, vou entrar, vou me atirar pra dentro.

Me segura?

...

Obrigada, Esperança, obrigada!

Quão bendita é sua teimosia? Como posso te agradecer?

Eu achei que você era só uma porta verde, mas a porta era só uma pista muito pequenina.

Você é a raiz que sustenta todas as coisas

Você é o mundo com cor

Você é a vida fluindo

Ah, sua teimosa, continue sempre assim, esperando
Agora vejo um outro mundo!
Sim, agora entendo
Admito: é maravilhoso estar contagiada por você!
Por favor, nunca me mande embora daqui, Esperança!
Como suportaria viver mais um dia
sem sua brilhante teimosia?
Enfim, somos uma
E duas teimosas
Agora, então,
Esperançosas!

Minhas lágrimas

(para minha avó)

São por tudo que foi visto
E ignorado
Por tudo que passei
Que soube tarde que você também
Tinha passado
Por tudo que queria ter dito
E ficou sem ser falado

Pela dor em mim que você negou
Por que primeiro em ti
havia negado
Pelos teus olhos de criança
Mesmo velha
Nunca perdeu a esperança
Por teu coração inocente
Que, como eu, muito novo
Aprendeu a ser gente
Pequena estrela
Estelita
Brilha e descansa
Agora no céu, tu habitas.

Tolerância

Tenha calma com meus erros
Preciso errar
E não acabar na cruz
É possível ser humana ao seu lado?
Com meus altos e baixos
E esse meu vazio que reluz?

Dá pra cair fora do trilho
E você me ajudar a voltar?
Ao invés de tudo que fiz errado
Me apontar?
Dá pra fingir que não viu alguns tropeços
Lembrar que perdão também mereço
Por um momento
Me deixa ser chata
A curva hormonal quase me mata
Dá pra ter compaixão
Ao invés de me ver com os olhos do vilão?
Sou mais uma humana
Pessoa – insana
O trauma compõe minha insegurança
Carrego marcas de que não gosto
Me ajuda a ver com amor
Essa minha criança?
Não colocar tudo na balança
Sofri pra me aceitar assim
Errante permanente
Não force a barra
Me colocando de volta no lugar de que já saí
De onde lutei pra me livrar
E ainda luto, insistente

Não gosta da minha essência?

Dá licença
Não lembro de ter pedido opinião
Há tempo
Bagunçaram meu templo
demorei pra pôr em ordem
Essa mansão
Então, por favor, não fique
Se não consegue me contemplar
com respeito e admiração
Não faz sentido a hospedagem
De quem não gosta desta estalagem
Procure morada que faça sentido
e traga alegria pro teu coração

Nenhum sentido

Eu preciso fazer pra você
Não há o que compreender
Em mim
Por mentes alheias
Gosto-me tanto
Que dispenso encaixar
No cubículo mental
Projetado a fim
De me controlar
E ao te dizer isso
Não tenho nenhum receio
Nem anseio
Minhas palavras
dos meus ouvidos
Apenas necessitam
E, sinceramente,
Duvido
Que não há quem
não queira ser assim

Eu não lembro

exatamente
O momento
Em que parei de
Me importar
Com o que dizem
A meu respeito
Sinceramente
Por que deveria ligar?
Já ouvi sobre mim
Coisas horríveis
De bocas alheias
E sobre este despeito
Houve um momento
Que já não pôde me afetar
De qualquer forma
Interessar
Coisas horríveis em
Bocas alheias
A elas somente
Devem significar
De si falam

Com meu nome na boca
Mudam o sujeito
Para mais tranquilamente
Se confessar
Acabam por se entregar
Suas perversidades
Com meu nome na boca
Terminam por manifestar
O confessionário está cheio
Usam meu nome
E eu já nem caibo
Nesse lugar

Abortei

Tudo que me foi imposto e eu não quis
O que foi empurrado goela abaixo sem minha autorização
O que foi decidido sem que ouvissem minha opinião
O destino pra mim desenhado
Sem eu nem mesmo ter sonhado
As definidas preces pelo meu futuro
Sem nem ao menos me perguntarem

Se eram as minhas
O desrespeito mascarado de amor
O estupro coletivo do meu corpo
O bebê enfiado no meu útero por expectativas alheias
O descontrole do desejo do outro
As roupas que me forçaram a vestir
Quando queria nua poder sair
As expectativas cruéis sobre minha existência
Os ouvidos surdos para as minhas palavras
Minha vontade de agradar e ser boa menina
Meu filtro social
Abortei a depressão
A reclamação sobre a vida
A falta de protagonismo
A ausência de responsabilidade
Abortei a pequenez
A falta de amor-próprio
A pouca fé
As obrigações impostas por uma religião vazia
O papel social de mulher
A ideia de que meu corpo te serve
O equívoco da submissão
A ingenuidade da inferioridade
O vitimismo que não me cabe
A recusa do possuir meu prazer
A falta de autoridade sobre meu próprio corpo

Limites guardiões

São meus protetores
nunca dormem
Meus guias
mestres
mantras
Definem a linha poética que me ampara
Daqui
Ninguém passa
A borda que desenha minha forma
Que sustenta minha autonomia
Que garante minha existência fluída
Permite que eu durma
e descanse
Limites são amigos
Vêm me falar sobre mim
Sempre coisas novas
Me ensinam onde andar
Quem evitar
O destino que irei traçar
O que devo ou não alcançar
Amparadores divinos

Constantemente sobre minha humanidade
Estão a me lembrar
E as enganosas ideias de liberdade
Estão constantemente a desmascarar
Instruem minha alma
Vigiam meu lar

Tentei
fugir

(para meu pai)

das lágrimas da tua ausência
Tentei esquecer
O vazio gritante
Da tua vida faltante
Tentei não lembrar
O quão bem me cuidava
E não chorar
A saudade que sinto
De ser assim
Amparada

Vista
Amada
Respeitada
Apenas com bons olhos
Enxergada
Tentei esquecer
O Norte que me dava
Te observar
E ter a segurança
De estar
Caminhando para
Um bom lugar
Tua ausência é
Incerteza
Insegurança
Medo
E a necessidade de me tornar adulta
Mulher, crescida
Que por vezes
Só queria voltar
A ser a criança
Por ti protegida
A descansar

Larguei as armas

Cansei de lutar,
Quero o aconchego da compreensão gratuita
Os olhos que me veem sem eu precisar me explicar
Quero largar o peso da alma
que carrega avalanches de ignorância
Brigar pra ser ouvida?
Não há mais em mim essa disposição
Que cruzem por mim ouvidos dispostos
Almas desarmadas
Olhos lúcidos
Por hoje, e quanto tempo for necessário
Não ergo mais a voz
Não combato a palavra dura
Deixo passar como se fosse uma brisa forte
Desvio
Quero descanso pro meu coração
Preciso respirar
Preciso chorar
E não ser apontada como bruxa
Por me tornar tão absurda
Vulnerável

Desnuda
Quero o abraço forte da convicção
O amor que permanece
O verdadeiro
A consolação

Para minha própria mente,

Eu digo:
Não me coloque como vítima!
Já passamos por coisas ruins
Mas por favor, pare de me fazer cair nesse mesmo lugar
Eu sei,
Você faz um escarcéu
Gira tudo ao contrário
pra me colocar sempre nesse mesmo papel
Cria um teatro
Faz todo o cenário

Que eu até acredito
Se não fosse a pequena voz sussurrante
Quantas vezes teria voltado a esse lugar?
Você me coloca contra mim
Vítima de mim?
Não mais!!

Re-vitimizada

por mim
Incontáveis vezes
me impus o lugar que
eu mesma não quero
Imponho
Como se
Não conhecesse outro
Papel
Desempenho
Como se

Só me sobrasse
O papel de prostituta
No bordel
Aquela que foi abusada
Tantas vezes
Que aprendeu a ficar ali
E nunca mais
Sair
A nenhum outro local ir
Acomodada na dor
Crente nas mentiras
No papel de sofrida
De coitada
Que não consegue se dar amor
Espera dos outros
Que a salvem
Que a tirem desse torpor
Como se fosse impotente
Como se só eu mesma
Não pudesse me tirar
Desse rancor
Re-vitimizada por mim
Encontro conforto
Lugar conhecido
Sem esforço devido
Boicote certeiro

Minha morte tramei
Desse jeito torto
Quantas vezes
Minha alma anulei?

Respeito pelo que sinto:

Jamais tirar conclusões precipitadas
É ter curiosidade pelo meu enredo
E sustentar o ouvido
É jamais pensar
Que me decifra
Que me "entende"
Que sabe o que sinto
As "certezas" que tanto fala não ter
Sobre mim carrega tantas
Se eu te falo
É assim que me sinto
Se pensa que me lê
Se engana

Quando lê com maus olhos
Não vê
Não discerne
Não sente
Não sabe nada sobre essa balzaquiana

Crise infinita de identidade

Sou a que trai e a que permanece fiel
A mim
Juro lealdade
Escorrego nas próprias promessas
Que me fiz
E que deixei de fazer
Balanço loucamente
Como o vento que faz lá fora
Me apalpo
Sinto meu cheiro
Gosto
Mas solto

E esqueço de voltar
O tempo passa
Sinto a angústia apertar
Quem sou?
Essa que reconheço
E não conheço
Que me habita
Me fez de lar
Indefinível
Opositora de mim
Tantas em uma
Você não imagina
O cansaço que carrego
Nesse meu respirar

Por hoje

Amanhã
E nos dias seguintes
Não quero ser guerreira
Eu sei, meu pai,
Quando precisei
Você me lembrou
Da lutadora
(que querendo não ser)
Sou
Incorporei
Lutei
Lutei
Só que cansei
(falo tanto do cansaço)
Por isso
Não posso mais, pai,
Lutar
Agora devo descansar
Acho que você me entende
Você não soube a hora de parar
Você não soube

Foi forçado a repousar
Definitivamente
Seu corpo se recusou a guerrear
Desse modo
Me recuso
Antes de morrer
Quero poder abrandar
Curtir a vida
Ser mais palhaça
Que gladiadora
Ser mais vadia
Que trabalhadora
Você me entende, pai
Agora eu sei que você me entende
Que a vida flua naturalmente
Que o esforço da luta
Não seja a verdade
Permanente
Que o gingado do teu samba
Seja o balanço mais frequente
Dois pra cá e dois pra lá
Agora eu quero
Dançar
Larguei as armas
Quero a existência
Gozar

Ser amada

E o vício
De ser vista maior do que
Realmente sou
Convenhamos, cá comigo,
Sei da minha pequenez
Por maior que eu queira me mostrar
Sou tão pequenina
Ser amada e o conflito
De ser amada por ser pequena
(E encaixar)
Ser amada pela ilusão do meu tamanho
(Idolatrar)
Ou
Ser amada em verdadeira forma
(Finalmente: Respeitar)
Qual minha genuína configuração?
E quando me olho
O que amo em mim?
A subjetiva verdade
Que de expor faço questão
A confusa e penetrante

Palavra que não posso deixar
Sem expressão
A rima constante
Me persegue até nessa oração
A insistente mania de transformar
Meu sentimento
Em arte, renovação
Minha mente incessante
Há muita resiliência
No meu coração

Louca

O adjetivo ideal
Para desvalidar
O que sinto
Expresso
E se preciso: Grito
Acompanhada do riso
De zombaria
A perversidade
Que extasia

Desvestido de humanidade
É quem faz questão
De desentender o que digo
Me coloca como vilão
"Não se ouve gente maluca
O que falam não faz sentido
Dá risada, presta atenção
no eu que digo,
Mas a louca?
não leve em consideração"
A violência "sutil" que acaba por derrubar
De mulheres
Uma multidão
Silenciadas com o cansaço
De lutar contra
Os infinitos pequenos ataques
Levam embora seu coração
Na hora que colocam na boca
Sua verdade
Ouvem: "LOUCA"
Onde se encontra a humanidade?
Que se recusa incessantemente
A escutar
Com bondade
A mulher em nós residente? Perpetuação da violência
Escolher
permanecer

na ignorância
Insistente
Na recusa
Do conhecimento
Insipiente
Mantenedor da intolerância
Destrói
Iletradamente
Incapaz de ver
Sua truculência
A torna banal
Normal
Ainda afirma
Na deseducação
Ser o tal
Um tolo cabal
Que por íntima escolha
Decide
Seu trágico final

Sabendo fiquei

Que ainda oram por mim
Pra que eu volte
À antiga vida
Sim
Àquela de que me livrei
Não consegui definir ao certo
Oração
ou
Maldição?
Pensei:
Engraçado
Não é possível que
Ainda não entenderam
Tudo que falei
Não ouviram
Minhas palavras
Desvalidam-me
Dizendo:
"Ela não deve saber
o que fala, não."
"Vamos orar por ela,

Está perdida"
Para um momento!
Acorda, meu irmão!
Essa fixação
com minha vida
minhas escolhas
minha libertação
O que seria isso?
O desejo de experimentar
na tua pele
o que me permiti
e o medo
de chegar
a esta resolução?
Sim, eu entendo
melhor "orar por ela"
Vai que você me ouve
me entende
e acaba nessa
mesma situação?
Deus me livre
Ser tão livre
Viver solto, leve, pleno e
Tão cheio de tesão

Esse é o rosto da minha grande inimiga:

Eu mesma
Meu amor e meu ódio por mim
Minha gana e a fraqueza por acabar me boicotando
A frustração por não ser uma supermulher
E sim apenas mais uma
O alívio de ser apenas mais uma
E não ter que performar
A vontade de estar sentada no trono
E a consciência de que ninguém deveria estar nesse lugar
Minhas voltas são sinuosas demais
Meus pensamentos infinitos
Crio e critico minha criação
Acho boa, mas deveria estar melhor
Tantas vezes ainda me diminuo
Outras me aumento sem dever
Tudo e nada ao mesmo tempo
Mascarada e nua na sua frente
Confundo a mim mesma

Nunca estou satisfeita
A bagunça me incomoda
A organização me deixa um vazio
A existência me angustia
O que fazer comigo mesma
Com esse rosto conhecido que
Todos os dias trabalha contra mim?

Quantas vezes reprimiram minhas palavras?

E quantas vezes fui criticada por ter coragem
de falar as verdades que senti?
O silêncio ainda me é imposto
(pelas sutilezas que me cercam)
Minhas palavras causam incômodo.
Toda vez que escrevo,
Escrevo com medo
Toda vez que deixo de escrever meu peito esmaga

Como posso te fazer entender?
Escrever as feiuras e as belezas me mantém viva.
Fui silenciada em muitos lugares em que passei
Sempre existirão os inconformados com minhas escritas
Constantemente criticada pelo conteúdo das minhas linhas:
não agradam como deveriam
não acariciam
Violentada repetidas e incessante vezes
por sutis palavras que não respeitam meu lugar de fala
Excluída
Demitida
Divorciada
Minha presença é embaraço
Minhas palavras ameaçam a ignorante paz dos tolos adormecidos
Minha fala pesa, é dura.
Como ousa uma fêmea ser assim tão segura?
E insegura
Medrosa
Mas corajosa
Porque mesmo com medo
Não se cala.

Bruxaria

É o meu silêncio que cura
Andar no meio de uma multidão
E me sentir flutuando
Discernindo das almas a dimensão
Para os homens: a loucura
Para mim? Encantação
A metafísica me comunica
Paro
Escuto
Silencio
A bruxa fala ao coração
Poder oculto
Chamaram de demoníaco
Por falta de entendimento
A ignorância deu o julgamento
Pode me chamar de bruxa
Louca
Feiticeira
Vejo o futuro
Ouço o que pensa
Saro a mim mesma
Sinto tua intenção
Respeita minha mágica

E as palavras que costuro
Sou puramente teológica
Pro tanto que aturo
E ainda transformo em ouro
Todo perjúrio
Vivo infinita transmutação

Raio-x interno

Faço todos os dias
Comigo
no meu momento a sós
Pego todas as peças de sentimentos
Coloco em uma mesa
E encaro cada uma
Com meus olhos enérgicos
Atravesso as peças
Distingo a imagem
Por trás de cada uma
Escrevo os resultados

Pra melhor entendimento do que se passa
Aqui por dentro
É que por fora fica confuso
Muitas vezes não entendo
Quando paro
Separo
Reparo
Encaro
Sempre acabo compreendendo
Ritual sagrado: meus olhos de raio-x
Me reconectam
Me enxergam
Fazem questão de sempre
Me devolver pra mim

A grande tristeza

Que esmaga meu coração
É sentir o desamparo
Ecoando
Desde criança até adulta:
Repetição
Saber que minha tia passou pelo mesmo
E nunca conseguiu colocar em palavras
Destruição
Morreu de tanta dor
Negação
Os fantasmas que me perseguem
Perturbados com minhas palavras
De tudo fazem pra que eu silencie
Como tive a audácia de quebrar o silêncio
Que se carregava de geração em geração?
Como ouso construir algo novo
Um curso livre
Sem nenhuma prisão?
Escrever uma nova história
Deixar o passado morrer na memória
Como me atrevo?

Que coragem é essa de enfrentar
Toda treva
Colocar em palavras a escuridão?
Transformar toda essa merda
Todo abandono
Abuso
Traição
Em rima
Em arte
Em vida
Em minha forma
De redenção

Quando for caminhar

Faça da dificuldade
Sua aliada
Não caia no engano do conforto
Que te faz pensar
Que o bom caminho se faz apenas de suavidade

Pegue nos braços com carinho
O tropeço dos teus pés
E a falta de fôlego
Aprende com eles
Entende que o caminho é a escola
Se não caminha pra aprender a viver
Caminha para quê?
Olha para as pedras que se atravessam
Ouve o que elas, mudas, te dizem
Percebe a fraqueza das tuas pernas
E aprende o quanto elas realmente aguentam
Não queira mais
Queira menos
Aprender a viver com menos
A caminhar menos
No entanto, mais atento
A dar passos mais curtos
Porém, cada vez mais presentes

Conquista

Doída,
diga-se de passagem,
A minha liberdade
Foi como um parto longo
Em que não havia dilatação suficiente
Pra eu sair
Saí através do fórceps
Tudo me socava pra dentro da prisão
(Ainda tentam me socar)
De volta pro mesmo lugar
Como poderia uma criança recém-parida
Pro ventre voltar?

Desde criança

As pessoas pensam que meu corpo é delas
Não me pediram licença pra tocar
Não respeitaram a delimitação do meu lar
Transformaram o carinho em abuso
Tio-avô a me despedaçar
Lembro de um dia bem nova a caminhar
E um desconhecido de bicicleta por mim passar
Num ato de violência a mão com força escorregar
Em meu corpo
e minha alma?
A se amedrontar
Cresci e fui posse dos meus pais:
não podia desagradar
A sociedade apareceu pra isso me reafirmar
Então a igreja veio e me disse:
"Você deve se guardar!"
Casei sem transar
Virei posse do meu marido
Fiquei sem gozar
Não sabia quem eu era
Vivia o teatro

Criada pra performar
Quando me percebi
Enlouqueci
Não pude aguentar
Por um tempo quis morrer
Melhor que aquela vida viver
Até que fiquei mais forte
abandonei a ideia da morte
Entendi que outra coisa eu podia ser
Largar a performance
Finalmente me ter
Mas acontece que alguns ainda pensam
Meu corpo deter
Com suas ideias de como eu deveria proceder
Ainda pensam ser meus donos
Detentores da verdade
Para eles, sou Eva
A estúpida mulher ousou a Deus desobedecer
Por decidir me conceber
Virei vilã da história
E a boa menina ficou na memória
Felizmente
Não irão mais me prender

Algo que capte minha alma

Em meio à fugacidade das ilusões mundanas
As vãs distrações me fazem cada vez mais tola
Não as quero
Necessito de águas que transbordem por dentro
Nem que seja uma onda
Pra lembrar pra que vivo
Estranho como a mente pode se perder
Repentinamente
O fluxo sanguíneo entre as minhas pernas
É capaz de me esvaziar por completo
E sem querer
Já não me apalpo
Escorro
Saudade da minha vivacidade
Das coisas que me fazem sentir viva
Inteira
Da minha inquilina interior
Que, em meio aos devaneios,
Sempre me faz lembrar

do bem que mereço
Da faísca brilhante de vida
Que volta e meia
preciso reacender por dentro
Por isso, peço
Algo que capte minha alma
Que torne meus olhos
Duas bolitas brilhantes
Me faça acreditar de novo

Observar:

O pré-requisito da riqueza
É isso, você entendeu bem
Limpa tua cabeça
Repara
Hoje de manhã quando abriu os olhos
A luz que atravessava a janela
Como um feixe brilhante
De diamante
Você viu?
E o lençol que tocava teu corpo

A sensação de conforto
Sentiu?
Quando os pássaros cantaram
A celebração da natureza
Que, mesmo maltratada,
Nunca morre
Ouviu?
Ah, se todos observassem
Profundo notassem
Quão ricos seriam?
Dizem-se pobres e o são
Pois não veem
Não compreendem
Que riqueza se trata apenas de observar
Quão ricos seriam
Se apenas pudessem
Contemplar?

Me dê uma dança

pra movimentar minhas águas internas
Deixar transbordar dos olhos
Me movimente devagar
Num compasso carinhoso de cuidado
Preciso sentir com calma
a agitação do meu corpo
Pulsando
Pedindo pela mansidão que há muito não vejo
Olho no olho
Preciso sentir a paz
Que anda ausente
Da minha mente
(E das minhas relações)
Saudade da tranquilidade
E de não ter medo
Do próximo vendaval
Ou da chuva incessante
No meu peito
Que me afogou por dentro
De saber que você se importa comigo
Você se importa?

Então, me dê uma dança
Me pega na mão
Me olha
Me guia
Me balança suave
Quem sabe,
Unidos,
A gente entra
No manso ritmo

Paciência
comigo

Nos dias que fico esquisita
Pra caramba
Não esperar dos outros
O acolhimento
E a compreensão
Me dedicar
Minha mansidão
A tolerância

Com minha solitude
Me perceber vazia de expressão
Pra explicar
O que passa no meu coração
É questão de sentir
Demorar
Esperar
Perseverar
Até que a esquisitice passe
Por uma semana
Ao menos
Dando uma trégua
Pra minha razão

Um choro trancado

Em forma de angústia existencial
Tomada pelo movimento
Esqueci de como parar
Me tocar

Dizer a mim mesma que posso relaxar
Que não é culpa minha
Que sou humana
Posso me estranhar
Coloco uma música pra tocar
Algo que me conecte à mais genuína
Lembrança de vida
Do mais puro e exuberante significado
Recordo da minha suavidade
Do respeito da calma
Deixo a lágrima rolar
Só quero conseguir me abraçar
Por completo
História, carne, sonhos
Sinceramente, sou difícil de lidar
Quero conseguir
Com mais gentileza
Me olhar
E impulsionar
Sem arrependimento
Brilhar
Enquanto choro
E me demoro
Pra que meu sorriso
Possa pra sempre durar
Com a verdade e lealdade
Andando ao meu lado
A me escoltar

Hoje eu acordei errado

Abri os olhos e peguei o celular
Fui nas fotos de umas fulanas
E comecei a me comparar
Consciente do que fazia
Não me entendi
O que eu queria?
Estava tentando me decifrar
Gosto de perceber o sentimento
Desmascarar o interno tormento
Mostrá-lo fraco e incompetente
A comparação não é bom caminho
Nos tira a essência
Desvia do trilho
Me peguei pensando no que tinha de mim
Nessas com que me comparei
O que incomodava
Se hoje, a me pertencer, eu já passei?
A dúvida da manada
Porque se toda gente é fútil e afetada
Será que, ao me voltar pra humildade,
Estou errada?

Lógico que não
Mas é isso que causa o erro da multidão
Na cabeça dos bons: confusão
Será que devo me comportar como eles?
Já sei que não
Mas a tolice tem essa de sedução
Ludibria
O olho brilha
E quando vê
Se perdeu, irmão

Silêncio

quando quero gritar
é o que me mata vagarosamente
Por mais que eu saiba
No momento
É melhor silenciar
É estranho
Porque tenho tanto pra falar
E
Preciso

Expressar
Mas como?
De que forma
Posso, de fato,
Me fazer escutar?
Porque o silêncio
Nesses momentos
Me aniquila lentamente
Como se eu parasse de existir
Dissocio quietamente
Nada desejo
Porque morri
Internamente
De mim esqueci
Covardemente
Me apaguei
Temerosamente
Quando só queria
Ser entendida por ti
Me projetei
Fragilmente
De ti esperei
O que só de mim
Obterei
A compreensão
O respeito
A compaixão

os doces olhos
A redenção
E em silêncio
Me reencontro
E na vida esbarro
Silenciosamente renasço
Respeito: primeiro, conquista o próprio
Pare pra refletir:
Você respeita a si?
Desde pequenos hábitos
Até coisas grandiosas
Você tem sua própria consideração?
Se oferece teu perdão?
Por que transborda
O respeito (ou a falta dele)
Se derramam pela tua borda
E por onde quer que passe
Observe
O teu respeito ao próximo
(aos que a ti são inúteis ou incomodativos)
Ele fala de ti
(ou de tua ausência)
Já sabe que não é possível desrespeitar o outro sem desrespeitar a si?
Porque a essência do respeito é crescente
Se replica de maneira insistente
De dentro pra fora

Seu valor é potente
Zombam do respeito como se fosse incompetente
Mas não esquente
Se atente
Quem não te respeita
Se tornou indigno residente
Não respeita nem mesmo a si
O que esperar de quem é consigo tão negligente?
Apenas não repita o mesmo erro
Não seja imprudente
Respeita tua casa
Siga sendo coerente
Aceita teus erros
Seja resiliente
Use os óculos da verdade
Vista o respeito como uma linda corrente

Quando

Quero que meu corpo seja bom para outros
Terceirizo a minha aprovação
Acredito em monstros
E tento me encaixar no enfadonho padrão
Nestes momentos, jamais serei suficiente
Já acreditei que o problema
fosse a gordura localizada
as estrias na minha perna atravessadas
E tudo mais que dizem
Acabei escravizada
Mas percebi – me acho linda
Só não me permiti apropriar
Pelo que os outros vão pensar
Ao perceber que sou humana
Não uma boneca intocável
Artificial e oca
Não sou nem quero ser impecável
Quero me permitir morada segura
Ser vulnerável
respeitar meu corpo
E por isso, não posso mais me importar com tua figura
Ou com minha largura
A partir de hoje darei ao meu corpo

Apenas ternura
Me responsabilizarei por minha aceitação
Livre de máscaras
Vou incorporar humanização

Uma vez caminhei

No caminho da vaidade
Convicta
Como quem acredita piamente
Que vai encontrar, em alguma altura da estrada,
Um pote de ouro
Cheio
Pra preencher todos os seus vazios
E a cada passo que eu dava
Parecia que, ao invés de preencher,
Esvaziava
E o pouco que eu tinha de mim
Como se estivesse sendo levado
Com minha autorização

Comprei ilusão
Decidi depositar nela minha fé
E percebi que, ao caminhar,
Se abriam profundas fendas
E a angústia falando
Que naquele caminho
Não conseguiria reparar
Os buracos incorporados
Ao seguir a promessa da vaidade
Cada vez mais fundo se tornavam
Com o passar dos passos
Eu não mais existia
Enlouqueci da minha ausência
Sofri minha abstinência
Definhei na vaidade
Até que acordei desse pedante pesadelo
Levantei da cama e
Coloquei os pés no caminho da verdade
Minha alma transbordou com a intensidade
E o alívio de seguir minha transcendência
Me trouxe a incorporação da divindade
Consciência
Fraternidade
Significado profundo da existência
Encontrei dignidade

Às vezes, me pergunto:

Por que sou tão dura?
Por que minha rispidez ainda domina?
E me digo:
Foi assim que sobrevivi
Uma pequena criança aflita
Em mim, ainda habita
A tristeza me conduz
Segue sendo a voz divina
Que em meio a essa estranha dualidade
Minha vida regurgita
A lágrima no olho é minha constante visita
Caótica
Meu silêncio se tornou meu eremita
Estou aprendendo a ser suave
A tranquilidade ainda me soa esquisita
A rigidez é conhecida
Protegeu tantas vezes esta senhorita
Largar a grossa casca, vai demorar longas boas visitas
E mesmo assim,
uma sobrevivente sempre necessita
De uma dose de firmeza

Uma aspereza

Que nos mantém

Apesar da tristeza

Nos sustém

Me tornou a sobrevivente-realeza

Eu conheci um monstro

Chamado coragem

Quando tinha por volta de cinco anos

Ele realmente era assustador

Porque me dizia que eu podia me virar sozinha

Sussurrava debaixo da cama

Que eu devia sair daquele lugar

Que eu tinha força e capacidade

Demorei pra acreditar nele

Como algo tão amedrontador

Poderia ser bom, não é mesmo?

Pequena, eu queria a segurança do conforto

Precisava

Mas não tinha
Por isso o monstro coragem nunca desistiu de mim
Por mais que eu tenha tentado silenciá-lo
Por tantos anos
Ele insistia
Até que resolvi dar uma chance pra ele
E peguei na sua mão
Foi o dia mais difícil da minha vida
E vieram outros tantos mais difíceis depois
Mas eu segurava na mão do monstro
Seguro
Ele me segura

Foi assim que aprendi a sentir raiva:

Me castigando
O jeito aceitável e que gera até pena
"Coitada"
Me tornei doente
De tanta raiva mal direcionada
Me puni incontáveis vezes
(Essa semana na terapia percebi:
às vezes, ainda puno)
Não desenvolvi validar o ódio
Das injustiças
E a me castigar aprendi
De milhares formas
Autoboicotes
Procrastinação
Fuga
A unha roída
Silêncio quando quero gritar
Um corte no braço
Meu estômago estufado

Permanecer onde não devo ficar
Não me priorizar
Outras formas piores que é melhor não mencionar
Isso a religião aceitava,
Nessa época, eu podia participar
Quando melhorei o jeito de me tratar
No entanto
Tive que me retirar
Até tentei explicar
Mas eles me preferem adoecida
Suicida
Melhor do que a menina saudável que escreve poesia
Que não vai à igreja
Uma libertina
E o que escrevo aqui é pra manifestar a raiva
Da incoerência em nome do amor
Da rejeição em nome da graça
Da crucificação em nome de uma fé-ilusão
E por minhas próprias mãos
Não mais me direcionar destruição
Mas ser finalmente adulta
Me dedicar minha oração
Me proteger do teu sermão
Me apropriar do meu cuidado
Escrever do ódio
Pra nunca mais punir meu coração

A dor me obrigou

A encarar a mentira
Aquela pancada bem dada no estômago
Foi o tranco que me despertou
Pro estrago da ferida
Que carrego nos genes
Há gerações transmitido
A vitimização
A agressão
O sexismo
A traição
Por que tive que chegar aqui
Pra me dar conta
Dessa destruição?
Teve que doer
A ponto de achar que eu ia morrer
Pra eu tomar as rédeas da situação
Pra entender meu poder
De transformadora criação
A atitude de deixar no passado
A desvalidação
A humilhação

A opressão
Tudo enterrado no caixão
E dele cresce
Uma flor de redenção
Uma nova era se inicia
De autorresponsabilidade
E apropriação
Sou minha defensora
E de dentro manifesto
Novidade promissora
Para seguinte geração
Que da minha atitude
colham bons frutos
Essa será a melhor premiação

Agradeço

Às portas fechadas na minha cara
À condução magnífica da vida
Mostrando sempre saber
Muito mais que eu
Agradeço por todas as vezes
Em que fui excluída
A existência me lembrando
De onde devo estar
E o que mereço
A inteligência suprema
A me conduzir
Das maneiras necessárias
Pra eu crescer
Agradeço as dores
Me sinalizando
Enfaticamente
Onde devo evoluir
Me ensinando
Carinhosamente
A desabrochar
Romper a estrutura apertada
E florescer

Conheça a autora:
@alauraweber

Conheça a editora:
@cocriatti